DECLARATION

DV ROY, CONFIRMANT
l'establissement des Bureaux Generaux & Chambres Diocesaines
Ecclesiastiques, pour la cognoif-
sance des Decimes.

Verifiée en Parlement le second Septembre
mil six cens vingt-sept.

A POICTIERS,
Pour ANTOINE ESTIENE, Impri-
meur ordinaire du Roy à Paris.

M. DC. XXVIII.
Auec Priuilege de sa Majesté.

(2)

3

DECLARATION DV ROY,

confirmant l'establissement des Bureaux
Generaux & Chambres Diocesaines
Ecclesiastiques, pour la cognois-
sance des Decimes.

LOVYS par la grace de
Dieu, Roy de France &
de Nauarre, A tous pre-
sens & à venir, Salut. Le
feu Roy nostre tres-honoré Seigneur
& Pere, que Dieu absoluë, par ses
Lettres Patentes données au Camp
de Trauersy le premier iour de May
mille cinq cens quatre-vingt seize,
octroyées en consequence d'autres des

A ij

feus Roys Charles I X. & Henry I I I
aux deputez Generaux du Clergé de
cettuy noſtre Royaume , & pour le
cauſes y contenuës, meſmement pou
le ſoulagement des Eccleſiaſtique
& Beneficiers de ſon Royaume, Au
lieu qu'anciennement il n'y auoi
qu'vn Bureau & Chambre Eccleſiaſti
que eſtablie en noſtre ville de Pari
pour cognoiſtre du fait des decimes &
ſubuentions du Clergé , procez & dif
ferens meus en conſequence d'icelles
auroit eſtably par les Prouinces d
ſon Royaume, iuſques au nombre d
huičt Chambres & Bureaux Eccle
ſiaſtiques, aſçauoir, és villes de Paris
Toloſe , Lyon, Bordeaux, Rouër
Tours, Aix en Prouence, & Bour
ges, pour iuger & decider en dernie
reſſort, de tous procez & differend
meus & à mouuoir entre les Benefi

ciers, leurs Receueurs & Commis,
tant pour les taxes des deniers qui feront leuez fur eux, que de l'adminiftration d'iceux, circonftances & dependances : Et à chacun defdits Bureaux & Chambres Ecclefiaftiques,
ordonné leur reffort & departement
des Diocefes voifins & plus commodes, fuiuant que plus à plain eft contenu par lefdites Lettres de noftredit
feu Seigneur & Pere, verifiées où befoin a efté : & fuiuant lefquelles lefdits
Bureaux & Chambres Ecclefiaftiques,
ayans toft apres efté eftablies, fe font
maintenus & conferuez iufques à prefent, iugé & decidé des caufes à eux attribuées, fans auoir pris aucune confirmation de Nous à noftre aduenement à la Couronne, ny depuis lors
du renouuellement du Contract
paffé entre Nous & les deputez Ge-

neraux du Clergé de ceſtuy noſtre
Royaume, au moïs d'Aouſt en ſix
cents quinze, combien que noſtre
intention & des Commiſſaires par
Nous deputez pour paſſer ledit Contract, euſt eſté de confirmer leſdits
Bureaux, comme tous autres priui-
leges & conceſſions par Nous & nos
predeceſſeurs octroyées audit Clergé. Par lequel Contract il a auſſi
eſté conuenu pour le ſoulagement
des Beneficiers, & faciliter le paye-
ment des decimes, Que les cauſes
qui ſont de la cognoiſſance & iuriſ-
diction cy-deuant accordée aux Bureaux, ſeront iugées & decidées en pre-
miere inſtance par les Eueſques, Scyndics & Deputez des Dioceſes, ſauf l'appel auſdits Bureaux & Chábres Eccle-
ſiaſtiques eſtablies par les Prouinces:
Et quant aux cauſes & differents qui

n'excederôt la fomme de vingt liures
en principal, ils y feront iugez en dernier reffort & fans appel: Et auroit efté
promis aufdits Ecclefiaftiques, toutes
Lettres & expeditions neceffaires. A
raifon dequoy, pour éuiter à tout
doute & difficulté qui s'en pourroit
mouuoir, les Agens Generaux du Clergé nous ont fupplié leur octroyer
nos Lettres de confirmation & de-
claration pour ce neceffaires, atten-
du mefmement qu'encores de nou-
ueau nous auons continué & confirmé la mefme conceffion & pouuoir
par le dernier Contract fait entre
Nous & les deputez Generaux dudit
Clergé, le vnziéme Feburier dernier.
NOVS A CES CAVSES, defirans con-
feruer, maintenir & augmenter toutes les conceffions octroyées, & priui-
leges accordez par le feu Roy, & autres

nos predeceffeurs & Nous, aufdits Ecclefiaftiques & Beneficiers de ceftuy
noftre Royaume , DE noftre grace
fpeciale, pleine puiffance & authorité
Royale, Auons en tant que befoin
feroit, confirmé & continué, confirmons & continuons à perpetuité,
l'eftabliffement defdits Bureaux &
Chambres Ecclefiaftiques , pouuoir
& Iurifdiction & reffort d'icelles
en nofdites villes de Paris , To-
lofe , Lyon , Bordeaux , Roüen,
Tours, Aix & Bourges , fuiuant qu'il
eft contenu aufdittes Lettres de noftre
dit feu Seigneur & Pere , & comme
nous leur auons auffi accordé par le
renouuellement des Contracts paffez
entre Nous & lefdits Deputez du
Clergé, dés huictiéme Aouft mil
fix cents quinze , & vnziéme Fe-
urier dernier. Lefquelles Lettres d
· noftredi

noſtredit feu Seigneur & Pere, & tout le contenu en icelles, enſemble tous actes & iugements faits par leſdits Bureaux & Chambres Ecclefiaſtiques depuis noſtre aduenement à la Couronne , Enſemble les Bureaux particuliers de chacun Diocefe , Nous confirmons conformement auſdits Contracts , & tout ainſi que ſi dés lors de noſtre aduenement à la Couronne , nous euſſions octroyé la preſente confirmation , & ſans que par faute d'icelle , on puiſſe alleguer contre iceux actes & iugemens , aucunes nullitez. SI DONNONS EN MANDEMENT à nos amez & feaux Conſeillers tenants nos Cours de Parlements , Chambres de nos Comptes, Cours de nos Aydes, Baillifs , Seneſchaux ou leurs Lieutenants , & à tous autres Iuſticiers & Officiers qu'ils ap-

B

partiendra chacun endroit foy , que
de nos prefente grace, confirmation
& conceffion ils facent, fouffrent &
laiffent iouïr plainement , paifible-
ment & perpetuellement lefdits Ecclefiaftiques & Beneficiers , fans en ce
leur eftre fait , mis ou donné aucun
trouble ou empefchement au contraire : Et à ces fins faire lire, publier
& enregiftrer ces prefentes où befoin
fera , au vidimus defquelles collationné par l'vn de nos amez & feaux Confeillers Notaire & Secretaire Maifon
& Couronne de France , nous vou-
lons foy eftre adiouftée comme au
propre original. Le tout nonobftant
tous Edicts, Declarations, reftrictions
& autres chofes qui fe pourroient alleguer au contraire, aufquelles , & à la
derogatoire des derogatoires , nous
auons de nos grace, pouuoir & autho-

rité fufdite , dérogé & dérogeons.
CAR tel eft noftre plaifir. DONNE'
à Fontainebleau au mois de May l'an
de grace 1626. Et de noftre regne le
le dix-feptiéme. Signé , LOVIS. Et
fur le reply, Par le Roy , DE LOME-
NIE. A cofté, Vifa, Et au dos, Re-
giftrata , & feellé du grand feau de cire verte en lacs de foye rouge & verte.

*Regiftrées oüy le Procureur General du
Roy , pour ioüir par les impetrans de l'effeci
y contenu aux charges contenües au Regi-
ftre de ce iour. A Paris en Parlement le
deuxiéme Septembre mil fix cens vingt-
fept.*

Signé, DV TILLET.

EXTRAICT DES REGISTRES
de Parlement.

VEV par la Cour, les grand'
Chambre, Tournelle &
de l'Edict assemblées, les
Lettres Patentes donnée:
à Fontainebleau au mois de May mi
six cents vingt six, signées, LOVIS
Et sur le reply, Par le Roy, DE LO-
MENIE, & seellées en lacs de soye du
grand sceau de cire verte, Par lesquel-
les, & pour les causes y contenuës le
dit Seigneur continuë & confirm
aux Ecclesiastiques & Beneficiers d
son Royaume, l'establissement de
Bureaux & Chambres Ecclesiasti-

ques, pouuoir , iurifdiction & reffort
d'icelles aux villes de Paris , Toloze,
Lyon , Bourdeaux , Roüen , Tours,
Aix & Bourges , comme il eft contenu aux Lettres dudit eftabliffement
dés neuf Decembre mil fix cens fix,
& mois de Iuillet mil fix cents feize.
Lefdites Lettres attachées fous le con-
trefeel , Requefte des Agents Generaux du Clergé de France prefentée
àla Cour le troifiéme Aouft audit an
mil fix cents vingt-fix, afin de verifi-
cation defdites Lettres , Conclufions
du Procureur General du Roy , Et
tout confideré , LADITE COVR a
ordonné & ordonne que lefdites Lettres feront regiftrées au Greffe d'icelle , pour ioüir par les impetrans de
l'effect y contenu, à la charge que l'vn
des Confeillers de ladite Cour fera
appellé en l'Affemblée des Scyndics,

& Deputez Generaux, & fuiuant lefdittes Lettres Patentes, prefidera aux
deliberations & iugemens qui inter-
uiendront , Et qu'ils feront tenus
prefcrire & ordonner lieu & heure
certaine pour tenir leur Iurifdiction,
Et que lefdits Iuges ne pourront co-
gnoiftre que des taxes, & augmenta-
tions d'icelles fur les Beneficiers pour
les Decimes feulement , Et pour les
autres differends , feront tenus les
renuoyer pardeuant les Iuges ordi-
naires des lieux , aufquels la cognoif-
fance en appartient , Et pour les
caufes n'excedans vingt liures, les Deputez particuliers ne les pourront iuger en dernier reffort, ains à la charge de l'appel, & neantmoins lefdittes
Sentences & Iugemens pour lefdites
fommes, feront executez par proui-
fion, nonobftant oppofitions ou ap-

pellations quelconques & fans preiu-
dice d'icelles. F A I CT en Parlement le
deuxiéme Septembre mil fix cents
vingt-fept.

Signé, DV TILLET.

Collationné aux Originaux par moy
Conseiller & Secretaire du Roy.

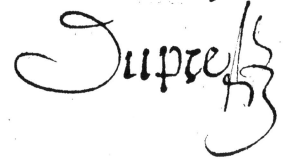

Imprimé en France
FROC021914200120
23227FR00025B/555/P